IHS
1387

RELATION

DE LA

PRISE DE MALTE

EN 1798;

Par le marquis CORBEAU-VAULSERRE, *chevalier de l'Ordre de St.-Jean de Jérusalem, major des chasseurs de Malte, témoin oculaire.*

GRENOBLE,
IMPRIMERIE DE J.^m BARATIER, GRAND'RUE.

1820.

RELATION

DE LA

PRISE DE MALTE

EN 1798.

Le Directoire français, enivré par ses victoires sur le continent, et son général en chef, aveuglé par son propre orgueil, tentèrent, en 1798, l'expédition la plus impolitique que la folie humaine pût imaginer. Les deux chances opposées, celle du revers et celle du succès, devaient être toutes deux fatales à la République : le revers anéantissait une superbe armée de 50,000 hommes ; le succès détruisait la neutralité d'une place, neutralité mille fois plus intéressante à la France que sa possession même ; le succès amenait indubitablement à son tour, sous les murs de la place conquise, un ennemi maître absolu de la mer ; le succès, enfin, présageait aux esprits les moins observateurs le malheur irréparable que le temps ne tarda pas à réaliser. La chance du succès se déclara en faveur de la plus inconsidérée, de la plus extravagante des entreprises, et Malte succomba..... La victoire fut pour la France un piége affreux ; la défaite n'eût été qu'une leçon : l'une lui coûtera des regrets éternels ; l'autre serait depuis long-temps ensevelie avec le sentiment des malheurs d'Egypte : la première a fermé pour jamais le port de Malte à la marine et au commerce de la France, a pour jamais rompu ses rapports avec le Levant; la seconde, du moins, lui eût fait retrouver, lors des événemens de 1814, sa prépondérance dans ces mers, son influence à Malte, ses relations avec la Turquie, enfin tous les avantages inappréciables qu'elle a perdus sans retour par la plus aveugle et la plus funeste imprévoyance.

Malte ne pouvait être réduite par la force; on l'attaqua par les plus perfides et les plus monstrueuses machinations. Malte avait résisté à la puissance de Soliman II, empereur des Turcs, à l'intrépidité de 80,000 Ottomans ; elle fut vaincue par les intrigues d'une vingtaine d'ambitieux, d'une dizaine de scélérats.

Déjà à un grand-maître peu fait pour régner en temps de paix, venait de succéder un grand-maître moins fait encore pour régner en temps de guerre; déjà de malheureuses transactions s'ouvraient entre le propagandisme qui ne s'agrandissait que par ses astuces et ses crimes, et l'esprit de chevalerie qui ne pouvait se maintenir que par sa générosité et ses vertus ; déjà une honteuse souscription pour la descente en Angleterre, ouverte par le Directoire de la République, et affichée par permission du gouvernement de Malte, se remplissait des noms de plus de 3,000 habitans de cette île, qui, pour la plupart, ne cherchaient qu'à se ménager une prévention favorable dans leurs rapports avec la France, et étaient bien loin de soupçonner que leur démarche en ce moment les présenterait un jour comme des conspirateurs et des traîtres à leur patrie réelle ou adoptive ; déjà le nommé Poussielgue, envoyé par la France, avait fraternisé avec toutes ces viles pâtures de corruption, avec tous ces noirs artisans de crimes et de révolutions, avec tous ces lâches déserteurs de l'honneur, de l'amitié, de la parenté, si communs dans les gouvernemens électifs, et dont la récente nomination du grand-maître lui avait dévoilé la bassesse ; déjà le chevalier de Picot-d'Ampierre, officier d'artillerie, avait porté au Directoire de la République les cartes et les plans de l'île ; déjà, à l'apparition de la flotte française venant de Corfou, les chevaliers espagnols, par une imprudente protestation contre le service d'observation qu'on leur avait assigné, service qu'ils regardaient comme injurieux à l'égard d'une puissance alliée de leur souverain, avaient accrédité l'insidieux sophisme qu'un chevalier de Malte n'est armé que contre les nations mahométanes, sophisme détestable dont les traîtres s'empareront bientôt pour leur servir d'égide et de moyen de séduction ; déjà, enfin, commençaient à germer les funestes semences de défiance et de craintes mutuelles que les partisans secrets de la France répandaient depuis quelque temps entre les Maltais et les chevaliers, lorsque la première division de la flotte française (le convoi de Civita-Vecchia) parut dans les eaux de Malte les 5 et 6 juin 1798.

En vertu des réglemens de l'Ordre, et conformément à ce qui se pratique en pareille occasion dans toutes les places maritimes, dans tous les ports fortifiés, une active surveillance s'établit aussitôt ; les postes sont assignés et doublés ; et, par une précaution louable, un vaisseau de la Religion, qui croisait dans le canal, et venait de s'emparer d'un bâtiment de guerre barbaresque, reçoit ordre de rentrer dans le port. Ce vaisseau traverse deux fois le convoi de Civita-Vecchia, fort d'environ 7000 hommes, mais sans artillerie pour le protéger ; ce vaisseau aurait peut-être été en droit de détruire ou d'enlever cette division française, dont quantité de rapports, dont quantité de lettres particulières ou officielles nous avaient déjà fait connaître, de la manière la plus évidente, les hostiles projets ; mais l'Ordre n'eût jamais attaqué sans une déclaration de guerre préalable : ainsi l'Ordre dut sa perte à son respect pour la loi des nations ; ainsi les Français durent leur conquête au mépris qu'ils en témoignèrent. Il est hors de doute que l'enlèvement ou même la dispersion de ce convoi, expédition qui aurait été, pour ce vaisseau, de la plus grande facilité, aurait sauvé Malte, en prouvant à nos ennemis qu'ils ne pouvaient plus compter sur leurs puissans auxiliaires, la timidité et la trahison.

La division de Civita-Vecchia fut bientôt suivie de toute la flotte française, sortie de Toulon, et commandée par l'amiral Brueis ; elle était composée de treize vaisseaux de ligne, de six frégates, de dix brics ou flûtes, et d'environ cent cinquante voiles, et portait 24,000 hommes de débarquement, sous la conduite de Buonaparte, général en chef.

La première demande que le général en chef adressa au grand-maître fut celle d'ouvrir son port à toute l'escadre et à tout le convoi, sous prétexte de besoin de ravitaillement; il lui fut répondu que le convoi, composé de plus de 200 bâtimens (y compris la division de Civita-Vecchia), entrerait en totalité dans le port, mais que les statuts de l'Ordre et les lois de la marine militaire s'opposaient à l'introduction de plus de deux vaisseaux de guerre à la fois; qu'au reste, le conseil du grand-maître s'engageait, au nom de l'Ordre et des habitans, à fournir, dans l'espace de huit jours, tout ce qui serait nécessaire à l'entier approvisionnement de la flotte française.

Mais ce n'était ni le ravitaillement de son armée, ni le radoubement de ses vaisseaux, ni l'intérêt d'un temps précieux, qui remplissaient la pensée du général en chef, puisqu'après la reddition de la ville, il n'eut pas lieu de s'occuper d'approvisionnemens; puisqu'il ne laissa entrer successivement dans le port que sept de ses vaisseaux; puisqu'il séjourna à Malte un jour de plus que n'avait demandé le conseil du grand-maître, pour lui procurer tout ce qui était nécessaire à sa flotte.

Buonaparte voulait s'emparer de la ville par surprise, par séduction ou par corruption : ses pourparlers avec le gouvernement de Malte laissaient à ses agens d'intrigues et de bassesses le temps de disposer les esprits et de semer la division ; il faisait écrire par le commandeur de Dolomieu, embarqué avec lui, des lettres officielles au grand-maître, pour l'endormir dans une trompeuse sécurité, et par d'autres, des lettres confidentielles aux chefs cachés de la conspiration contre l'Ordre, pour se concerter sur les plans d'attaque et de défense; ses perfides insinuations nous présentaient la liste des trois mille signataires pour le débarquement en Angleterre, comme la liste de nos ennemis qui n'attendaient qu'un signal pour nous égorger ; il séduisait un peuple incorruptible par la persuasion qu'il lui inspirait que les chevaliers voulaient livrer le pays à son armée ; en sens inverse, il répandait parmi les chevaliers les mêmes préventions contre les habitans ; il faisait dire par ses adhérens que nos vœux ne nous liaient à l'Ordre que contre les Infidèles, et non contre les Chrétiens; il nous faisait pressentir et craindre la défection des chevaliers espagnols, des chevaliers italiens, des chevaliers allemands, dont une même position politique, à l'égard de la République française, enchaînerait le courage; en un mot, il ne négligeait aucun moyen de séduction auprès des esprits faibles et crédules, de corruption auprès des ames basses et vénales, de surprise auprès des cœurs francs et honnêtes, d'exaltation auprès des ambitieux, de division, enfin, entre le gouvernement et les citoyens, les chefs et les soldats, les chevaliers et les Maltais.

Quand Buonaparte put compter sur l'effet des machinations de sa vile politique, il refusa les propositions du gouvernement de Malte, et déclara la guerre.

Cependant, quels moyens de défense avait préparés le grand-maître contre un ennemi si terrible par ses armes? Il avait enfermé tout ce qu'il avait de chevaliers, jeunes, dévoués, expérimentés, dans les vieilles tours, à peine bonnes pour intimider quelques misérables corsaires dans leurs nocturnes excursions sur les côtes de l'île; avec autant d'ineptie, il en avait placé d'autres à la tête des villages pour protéger la campagne; il avait distribué des fusils oubliés depuis un demi-siècle, et des cartouches faites depuis dix ans; il avait négligé de préparer les *fougasses*, et les canons étaient restés sans affût dans les parcs d'artillerie; il n'avait pas même songé à réunir sa cavalerie : aussi une bonne partie de ces chevaliers furent-ils faits prisonniers avec leurs paysans dans ces tours sans défense, ou enlevés dans les villages moins fortifiés encore; aussi le débarquement n'éprouva-t-il aucune difficulté; aussi la plupart des armes et des munitions furent-elles, par leur mauvais état, inutiles dans les mains de ceux qui auraient voulu s'en servir; aussi la ville se trouva-t-elle dépourvue de défenseurs, et le conseil de l'Ordre ne resta-t-il composé que de gens faibles ou sans expérience, de vieillards impotens, de courtisans inutiles, et peut-être même d'une partie des fauteurs de Buonaparte. Si la sottise et la trahison n'eussent pas ensemble dicté le plan de défense, le grand-maître, devant un ennemi qui n'avait que le temps et que la volonté de tenter un coup de main, aurait dû abandonner la campagne, renoncer à s'opposer au débarquement, et concentrer toutes ses forces sous les remparts inexpugnables de la Cité-Valette. S'il eût trouvé sa ligne encore trop étendue pour le nombre de ses troupes, il aurait pu évacuer toutes les parties de la ville situées de l'autre côté du grand port, dégarnir même les forts St.-Ange, Ricazoli, Tigné et Manoël, et se renfermer dans la ville proprement dite, qui (singularité très-remarquable) domine de beaucoup, par la supériorité de son sol, par la hauteur et l'excellence de ses remparts, tous les forts qui l'environnent.

Aux tentatives insidieuses d'un ennemi si dangereux par son machiavélisme, qu'opposa d'abord le grand-maître? qu'opposa-t-il ensuite? un conseil faible, trompé ou trompeur. A la défection morale qui menaçait l'Ordre dont il était le chef? l'apathie ou l'aveuglement. A la mésintelligence entre les chevaliers et les Maltais que sa présence seule eût suffi pour réconcilier? l'invisibilité. A la nouvelle du massacre des chevaliers par leurs propres soldats? la crainte pour lui-même, quelques larmes pour les victimes, et l'impunité pour les assassins. A la criminelle désobéissance du commandeur de Bosredon-Ransijat? la faiblesse. A l'insolente injonction de capituler que lui intimèrent quelques bourgeois de la ville? la soumission la plus honteuse. Aux conditions que le vainqueur proposa? un profond égoisme. Au danger de livrer les chevaliers, sans protection et sans défense, entre les mains d'un ennemi irrité? le privilége d'une fuite solitaire, le dégoûtant scandale du plus horrible abandon, l'infame contraste de sa conduite avec celle d'un de ses illustres prédécesseurs, le généreux Villiers de l'Ile-Adam.

Le débarquement opéré le 10 juin 1798, à la pointe du jour, Buonaparte se porte vivement sur la Cité-Valette, tandis que sa flotte se rapproche du grand port; c'est dans cette course rapide qu'il emporte toutes les tours, qu'il enlève tous les villages, sans qu'il soit possible de lui opposer la moindre résistance, et qu'il fait prisonniers ceux des chevaliers qui y commandent, et qui n'ont pas le temps de rentrer dans la ville. Ces chevaliers furent traités avec humanité par l'armée française, mais avec ignominie par son général. La journée se passa, de la part de ce dernier, à prendre des positions autour de la ville; et, de la part de l'Ordre, à essuyer toutes les humiliations, à éprouver toutes les horreurs qu'une discorde intestine, que la lâcheté du chef, que le massacre des chevaliers par les Maltais, que les complots des traîtres, que l'audace des conspirateurs, laissent à l'imagination. Enfin, pendant la nuit, pour comble d'abomination, lorsque nous faisions un feu assez vif de mitraille et de mousqueterie sur quelques détachemens ennemis qui, dans l'espoir de nous surprendre, s'étaient avancés, à la faveur des ténèbres, vers la première enceinte de la Floriane, plusieurs bourgeois de la ville se dirigent tumultuairement sur le palais du grand-maître, et lui font signer, ainsi qu'à son conseil, un projet de capitulation que le lendemain matin ils transmettent aux avant-postes français, et que la crainte d'exciter la noble indignation des chevaliers et des Maltais fait défigurer, à nos yeux, sous le voile de *Proposition de paix*. A quatre heures du soir, le général français Junot, envoyé par Buonaparte, vient signer et faire signer, au palais du grand-maître, cette capitulation que la prudence et la perfidie des traîtres nous masquent encore sous un nom nouveau, sous celui de *Convention*.

Le jour nous éclaire enfin sur les exécrables trames de la nuit : au retentissement affreux du mot *Capitulation*, une généreuse et dernière résolution dicte aux chevaliers le projet de s'emparer des deux cavaliers qui commandent la ville du côté de la Floriane, déterminés à périr en les défendant ; une rage farouche porte les Maltais à se jeter dans les forts, où leur déplorable aveuglement leur fait emprisonner ou massacrer les chevaliers qu'on leur a donnés pour chefs. Ce majestueux dévouement et cet horrible désespoir, cette noble intrépidité de la vertu et cette fureur d'un courage égaré, cette auguste agonie de l'honneur et cette terrible agonie de la patrie, impriment à la ville un aspect si lugubre et si effrayant, que le crime trembla un moment au milieu même de sa victoire ; il s'empresse d'appeler le général en chef à son secours. Déjà un vaisseau de l'escadre se présentait à la bouche du port, lorsque le grand-maître lui envoya un aviso pour l'inviter à différer son entrée, jusqu'à ce que les Maltais, maîtres encore de toutes les batteries le long de la mer, se soient résignés à la fatalité de leur sort.

Souverain pusillanime ! au lieu de veiller avec tant de sollicitude à la sûreté d'un ennemi qui vous apportait la dégradation et des fers, que ne vous étiez-vous occupé de rapprocher tous les esprits, lorsque tous les cœurs, toutes les volontés étaient encore à vous? Que n'aviez-vous cherché à dessiller les yeux de vos Maltais, les yeux de vos chevaliers, fascinés par une mutuelle défiance, ouvrage de votre coupable apathie? L'étendard de la Religion à la main, vous les eussiez bientôt ralliés, ces nobles chevaliers, ces généreux Maltais, à la défense de l'Ordre, à l'intérêt de votre gloire, à la liberté du pays. Mais, hélas! vous étiez enchaîné dans votre palais par ces vils conseillers qui vous avaient déjà fait faire aux idées révolutionnaires tant de sacrifices, dont l'honneur, dont la vertu, dont la constitution de votre Ordre furent les victimes ; par ces vils courtisans, qui, la plupart choisis dans les rangs de vos adversaires, vous servirent, au temps de votre prospérité, avec bassesse, peut-être déjà même avec l'arrière-pensée de la défection, et vous abandonnèrent ou vous trahirent lorsque vous eûtes besoin de leur secours et de leur affection. Aussi se gardèrent-ils bien de vous rappeler votre devoir en qualité de chef de l'Ordre, vos obligations en qualité de souverain de Malte ; de

vous

vous dire que votre corps était le seul pont-levis sur lequel vous pouviez, sans infamie, laisser Buonaparte entrer dans votre ville ; aussi, par le plus honteux accouplement de votre faiblesse, de la lâcheté et de la perfidie de ces hommes dont vous vous étiez entouré, avec l'insigne mauvaise foi et l'audace du général en chef, vous vous êtes placé dans une situation tellement extraordinaire, tellement critique, que vous avez été forcé d'ouvrir vos portes à l'ennemi, quand tout le monde était accouru pour vous défendre, et que si vous les eussiez ouvertes deux heures plus tard, tout votre Ordre était massacré, et vous avec lui.

L'hommage que je dois à la vérité m'oblige pourtant d'avouer que si une fausse et malheureuse politique avait engagé les chevaliers espagnols, lors de l'apparition à Malte de l'escadre française venant de Corfou, à faire une funeste démarche, dont les conséquences politiques ont été, à mon avis, la principale cause de la perte de l'Ordre, cependant tous les chevaliers des deux langues d'Espagne acceptèrent avec dévouement les postes qui leur furent confiés, s'y comportèrent comme ils devaient le faire, et que je ne vois aucun de leurs noms figurer sur la liste des lâches et des traîtres.

Si l'attaque de Malte fut odieuse, la capitulation fut plus perfide encore. Le général en chef, maître de la ville, refusa d'exécuter les conditions qu'il avait signées sous ses murs : l'article 3 de cette capitulation portait que tous les chevaliers français qui se trouvaient à Malte à cette époque rentreraient dans leur pays, qu'on leur rendrait leurs biens invendus, qu'on les indemniserait de ceux qui avaient été aliénés, et qu'on ferait à chacun d'eux une pension viagère de 700 fr. Buonaparte, victorieux, exclut du bénéfice de la capitulation tous ceux qui n'avaient pas sept ans de résidence à Malte. Les cinq sixièmes des chevaliers français présens, écartés par cette atroce interprétation, furent jetés, à leurs frais, sur les côtes de l'Italie; et ceux même qui réunissaient les nouvelles conditions si arbitrairement imposées par le général en chef, n'obtinrent qu'un passe-port pour se rendre à Antibes. Le Directoire, renchérissant encore sur l'indigne fourberie de Buonaparte, retint prisonniers dans cette dernière ville, puis enferma dans la citadelle de Perpignan, et, enfin, par un arrêté, déporta en Espagne les chevaliers qui, sous la garantie de la capitulation, de leur passe-port et du droit des gens, avaient touché le sol de la France ; il leur refusa la pension viagère qui leur avait été assignée ; et, pour mieux masquer, aux yeux de l'univers, sa scélératesse à leur égard, il eut l'infamie, dans tous les rapports qu'il fit publier sur ce grand événement, de supprimer ou de tronquer, d'une manière barbare, l'article 3 de cette capitulation.

Telle fut la prise de cette ville imprenable; telle fut la lutte dans laquelle l'honneur et le patriotisme succombèrent sous les coups de la trahison et de la perfidie ; tel fut le traitement infligé à ces chevaliers, en récompense de sept cents ans de vertus et de services continuels rendus à la chrétienté et à la France en particulier. Si la philosophie se réjouit de la destruction de cet Ordre illustre, dont les grands souvenirs ombrageront long-temps, sous leur immense gloire, les palais que l'égoïsme moderne a bâtis de ses débris ; si les souverains de l'Europe se partagent ses augustes dépouilles, l'humanité gémissante dans les fers des Barbaresques, la religion démantelée de son plus noble boulevard, les peuples intimidés sur leurs rivages maintenant sans défense, le commerce tremblant dans ses entreprises maintenant sans garantie, pleurent la perte de son pavillon protecteur...... Mais que peuvent aujourd'hui les plaintes de la religion et les larmes de l'humanité contre l'arrogant cynisme de la philosophie ? et qu'importent les intérêts des peuples à la sordide avarice du fisc et des gouvernemens ?

www.ingramcontent.com/pod-product-compliance
Lightning Source LLC
Chambersburg PA
CBHW060636050426
42451CB00012B/2619